"一站式"学生社区综合管理手册

主编：宋艳春　母则闯

 用心灵温暖心灵　让校园更美好

参编人员：许安兵　梁天光

厦门大学出版社　国家一级出版社
XIAMEN UNIVERSITY PRESS　全国百佳图书出版单位

图书在版编目（CIP）数据

三全育人：“一站式”学生社区综合管理手册 / 宋艳春，母则闯主编. -- 厦门：厦门大学出版社，2024.9. -- ISBN 978-7-5615-9479-7

Ⅰ. G717.4-62

中国国家版本馆 CIP 数据核字第 2024UQ0792 号

责任编辑	王洪春　张　洁
策划编辑	张佐群
美术编辑	蔡炜荣
技术编辑	朱　楷

出版发行	厦门大学出版社
社　　址	厦门市软件园二期望海路 39 号
邮政编码	361008
总　　机	0592-2181111　0592-2181406(传真)
营销中心	0592-2184458　0592-2181365
网　　址	http://www.xmupress.com
邮　　箱	xmup@xmupress.com
印　　刷	厦门市明亮彩印有限公司

开本	889 mm×1 194 mm　1/32
印张	14.5
字数	330 千字
版次	2024 年 9 月第 1 版
印次	2024 年 9 月第 1 次印刷
定价	48.00 元（共 6 册）

本书如有印装质量问题请直接寄承印厂调换

厦门大学出版社
微信二维码

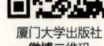
厦门大学出版社
微博二维码

前　言

近些年来，学校教育环境中呈现的心理健康问题越来越严重，不仅青少年的心理健康问题日益凸显，教师的心理健康状况也不容乐观。《中国国民心理健康发展报告（2021~2022）》蓝皮书调查显示，25岁到35岁人群抑郁症状产生的概率高达12%，需引起学校乃至整个社会的重视。

教师工作在教育阵地第一线，是师生共同体之中的重要部分，教师的心理健康与学生的心理健康密不可分，两者互相影响。因此，关注教师的心理健康情况，不仅会促进教师的身心健康发展和幸福指数提升，还会促进广大学生群体的心理健康发展和所受教育质量水平的提升。影响教师的心理健康因素包括家庭压力、工作压力、经济压力等，提升教师的心理健康水平，一方面需要普及心理健康知识，另一方面也需要关注教师在工作中可能面临的人际关系、职业发展等情况，关注教师的工作环境、薪资待遇等，满足教师的现实生活需求。

在《用心灵温暖心灵 让校园更美好》这本针对我校教师心理

1

健康教育编写的手册里，包括理解和发现学生心理问题、处理学生心理危机、学生心理健康建设、心理健康教育资源推荐等，这些内容都与教师日常身心健康发展和教育工作息息相关。其中第一、二、三篇为我校学生工作处心理中心许安兵编写，第四篇为我校学生工作处心理中心梁天光编写。本手册旨在普及心理健康知识，提升我校教师心理健康素质和心理健康教育水平。本书淡化专业术语以求更加贴近生活，通俗易懂。由于编写时间仓促、水平有限，本书还存在不足之处，敬请理解，批评指正。

目 录

第一篇　理解和发现学生心理问题……………………… 1
　一、理解心理问题的性质 ………………………………… 1
　二、如何发现心理问题 …………………………………… 4

第二篇　处理学生心理危机 ……………………………… 7
　一、心理危机性质 ………………………………… 8
　二、判断心理危机 ………………………………… 9
　三、处理学生心理问题和心理危机 …………………… 13

第三篇　学生心理健康教育 ……………………………… 23
　一、高职院校学生的心理状态 …………………………… 23
　二、根据高职学生特点开展有效教育 ………………… 26

第四篇　教师心理建设……………………………… 29
　一、影响教师心理健康水平的因素 ………… 29
　二、调节压力 …………………………………… 31
　三、管理情绪 …………………………………… 32
　四、避免职业倦怠 ……………………………… 34
　五、提升自我效能感 …………………………… 35

第五篇　心理健康教育资源推荐……………………… 38
　一、心理治疗推荐 ……………………………… 38
　二、心理电影推荐 ……………………………… 39
　三、心理书籍推荐 ……………………………… 41

第一篇　理解和发现学生心理问题

一、理解心理问题的性质

（一）学生心理问题的原因

青少年阶段心理问题高发，并不是单纯某一方面原因导致的。在学生出现一些严重的心理危机状况时，有时社会的焦点在于追诉学校的教育责任问题，虽然这种心理可以理解，但是心理问题的原因往往是多方面导致的。比如原生家庭的不良教育方式、早期心理创伤经历、青少年自我意识的觉醒而与社会发生的碰撞、青少年人际关系敏感、价值观不够成熟、面临学习和就业压力等都会对心理问题产生牵一发而动全身的影响。虽然心理问题的产生原因涉及多方面，但是学校加强学生的心理健康教育工作也会对学生心理健康发展，心理危机的预防和处理事宜具有非常关键的意义。

如果我们把心理问题的产生比喻为一株难以根除的植物，理解心理问题产生的原因就更加具象化，它的发展可以通过下述关系来理解：

（1）生理原因（种子）：遗传、个性、气质等；

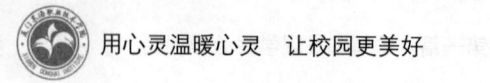

（2）家庭原因（土壤）：教育方式（粗暴/专横）、家庭关系（不和谐）、主要家族成员缺（父母去世、离异）等；

（3）成长历史（天气）：成长过程中，在学校、社会中的负面经历，尤其是校园暴力、性骚扰等；

（4）现实原因（诱发）：青春期、人际冲突、家庭变故、学业失败、有压力的生活环境等。

在学生心理工作中，不仅要学会察言观色，还要通过与学生的沟通交谈来对学生的心理状态进行把握。掌握学生的生活轨迹越多、越明确，对于学生的心理就有更清晰的了解。

（二）心理问题的特征

心理问题的产生原因复杂，根源深远。但心理问题并不是黑匣子，它的症状表现也不仅仅是主观感受的心理层面，还可以通过一个人的生理症状、生活方式、学习和社交状态等表现出来。为了方便理解和记忆，我们可以将在学校环境中碰到的心理问题区分为精神障碍、严重心理问题和一般心理问题三大类。

（1）精神障碍。在这里的定义主要是针对精神分裂症病人，症状一定程度上超过了心理问题的范畴，可发现大脑器质性病变，并且病人对自己的疾病并没有客观的认知，不知道自己的状态是异常的，即无自知力。在感知觉方面可能会出现明显的幻听、幻视、幻嗅等，也就是可以感受到别人都感受不到的现象；逻辑思维混乱，与其交谈很难理解他的意图和做事的根据，有种天马行空、前言不搭后语的感觉；情绪异常，如对某件本应该反应强烈的事情却感觉异常淡漠或反过来的情感表现；记忆表现异常，可能表现为尤其健忘；行为表现异常，可能表现为过于懒散

第一篇 理解和发现学生心理问题

或者不可理喻的行为；精神障碍学生的人际关系一般也是比较孤僻或者容易与他人爆发冲突的状态；精神障碍学生的生理功能也受到严重损伤，睡眠出现严重障碍，如失眠、做噩梦，饮食情况失调，精神过于亢奋或萎靡不振。当然，上述病症只是比较常见的一部分，还有一些病症如木僵状态、脑袋完全感觉空白等也可能出现。精神分裂症病人在学校一般较为少见，但是依然存在，或者部分精神障碍学生已经处于较好的恢复期、正在服药治疗等情况。

（2）严重心理问题。指的是抑郁症、焦虑症、强迫症、恐慌症等神经症，这类病人对自己的症状有比较好的认知，知道自己有严重的心理问题并且感觉异常痛苦，但是很难摆脱不必要的痛苦。他们的感知觉很少出现幻觉（在症状尤其严重时可能会出现），但是感知觉处于受限状态，其感受都是非常偏颇、狭隘的，往往是负面消极的；思维逻辑较为正常，但是问题严重的人可能会表现得表达受限、思维缓慢等；情绪一般较为消极、低沉，但是也会出现愤怒、兴奋躁狂等表现；行为方面，学习生活效率低、参与活动严重受限，部分有严重心理问题的人如抑郁症患者等，其人际关系较为孤僻；严重心理问题的人生理功能也会受到较大影响，出现睡眠、饮食功能失调。

（3）一般心理问题。指的是在正常的学习、生活、社交中等遇到的一些现实事件，感觉到难以解决而出现的暂时的情绪痛苦、压力倍增、生活失调等，经过一段时间的调整和他人帮助可以得到较好的恢复。但是一些发生的意外事件如果没有办法解决或者时间较久，也可能发展为心理疾病。

不同心理问题的特征汇总如表1所示。其中，时间关系指病程的长短；现实关系指症状发作与现实关联度的强弱；生理关系指症状在生理症状方面表现的强弱；危险系数指伤害自己或他人的可能性大小；治疗难度指心理治疗的难易度，从一般心理问题到精神障碍，治疗难度是逐渐加大的。

表1 不同心理问题的特征

比较特征	一般心理问题	严重心理问题	精神障碍
时间关系	短	较长	长
现实关系	强	中	弱
生理关系	弱	中	强
危险系数	弱/强	中/强	强
治疗难度	弱	中/强	强

理解学生的心理问题特征，对于学生管理人员工作非常重要。比如有的学生被医院诊断为抑郁症，在休息两周后，家长和学生强烈要求返校，因为他们告知学校自己的心理问题已经得到彻底解决。实际上，抑郁症属于严重的心理问题，病程持续时间久，具有较高的危险系数，而且治疗情况也需要比较长的时间进行服药治疗和心理治疗，因此，两周就得到比较好的解决实际上是很困难的。

二、如何发现心理问题

（一）心理问题学生的特征

心理问题并不是个体主观感受到的，它通过一个人的精神面貌、行为表现、语言逻辑、情绪起伏、人际交往、学习生活状

第一篇　理解和发现学生心理问题

态等可以非常明显表现出来。通过各种途径我们可以了解学生的家庭背景、成长历史和各种身心特征，为我们发现学生是否存在心理问题提供参考。以下是心理问题学生可能具有的一些身心特征：

（1）家庭环境：父母教育粗暴、父母有赌博、嗜酒、暴力倾向等，家庭不和、家庭贫困、离异、单亲、父母去世等；

（2）成长历史：曾经遭受校园暴力、性侵，被排挤等；

（3）心理历史：曾经或正在服用精神类药物，具有心理咨询、治疗的历史，有严重心理问题如精神病、抑郁症等，曾经有自杀、自残的历史；

（4）个性特点：性格孤僻、胆小自卑、情绪暴躁、不喜欢与人交往等；

（5）人际关系：在宿舍、班级易与人产生矛盾，成为他人攻击、排挤的对象；

（6）生理功能：睡眠问题（经常失眠、晚睡、做噩梦）、饮食问题（没有食欲、暴饮暴食）、身体不适（心慌、胸闷、头晕、头疼）等；

（7）精神面貌：表情呆滞、情绪低落、经常无精打采、有气无力；

（8）社交平台：在朋友圈、微博等空间偶尔或经常发布消极、暴戾、悲观厌世言论。

（二）发现心理问题的方法

心理问题和心理危机在高校中非常普遍，而且它不只是涉及个体的心理主观层面，还与家庭、宿舍、班级、社团和学生管理

等环境息息相关。因此，发现学生心理问题，出现心理危机，除通过与学生个人沟通或者学生管理人员观察，我们还可以通过多种渠道更有效率、更准确地了解学生的心理状态。

（1）与学生聊天：通过与学生聊天，了解其家庭环境、成长历史、心理历史、生活环境等；

（2）了解他人汇报的信息：了解班委（心理委员）、寝室长、学生朋友等汇报的相关信息；

（3）平时观察：通过经常到班级、宿舍等学生生活的环境，了解学生的生活动态；

（4）家校联系：保持与家长的联络，通过家长了解学生的个性和成长环境；

（5）社交平台：关注学生朋友圈、微博等，了解学生的心理动态；

（6）与同事交流：通过请教同事、领导，和与心理中心交流，确定问题。

一般而言，一些线索通过观察或与学生的交谈就可以得到。当然，我们不能通过一条线索就证明学生存在严重心理问题，与其他出现的问题进行综合判断才更加准确。

第二篇　处理学生心理危机

第二篇　处理学生心理危机

▶ **案例介绍**

　　某高校的一名男生小雨，长期以来患有严重抑郁症，并且由于个性问题与舍友相处并不和睦。一天晚上，小雨与舍友发生矛盾冲突，辅导员知晓后通知他们去办公室进行调解，但小雨与舍友对调解结果不满意，这让辅导员感到有些恼怒，于是怒斥他们不尊重老师。在这个过程中，小雨认为辅导员偏袒舍友，并且辅导员的发脾气似乎只针对自己，于是也对辅导员进行语言回击，双方爆发更加强烈的言语冲突。

　　在冲突结束后，小雨回到宿舍，回想当晚发生的事情，越来越感到舍友针对自己，而辅导员也不支持和理解自己，甚至批评和指责自己，内心感觉到更加抑郁、失落和愤慨，这让原本患有抑郁症的他突然产生了强烈的轻生冲动。于是，在舍友准备关灯就寝的时候，小雨突然冲出宿舍。舍友发现小雨情绪和行为异常，于是赶忙跟随出去，同时拨打辅导员电话告知这一情况。

　　辅导员带领班干部及时赶往小雨宿舍楼，发现小雨已经站在宿舍楼的危险地带，其他舍友正在安抚小雨。小雨发现辅导员到来，情绪变得更加激动。在辅导员对于自己晚上处理事件时不够理智和冷静表达了诚挚的歉意，并承诺会更加合理地处理寝室关系后，小雨逐渐冷静下来，最终在大家的关心和劝解之下，成功化解了这一危机事件。

一、心理危机性质

心理危机是在原本具有心理问题的基础上，当再遇到外部事件诱发或由于自身原本存在的心理问题过于严重，导致个体心理状态不稳定，具有强烈的轻生、自残冲突或伤害他人冲动的可能性。心理危机的前期、中期和后期都有明显不同于一般学生问题的特征，由于具有较大危险性，需要引起家庭和学校教育工作者的重视。

（1）突发性：心理危机的突发性是相对而言的，并不是不可预测。但是相对其他稳定的学习生活状态而言，就具有突发性。比如，某个平时默默无闻的学生突然做出严重伤害自己的行为；在课堂上，被批评的学生突然冲出教室，做出一些极端行为。

（2）冲动性：处于心理危机状态下的个体，由于自身能力无法承担心理压力，没有足够心理资源对自己的行为进行控制，因此在做出一些伤害自己或他人的行为时缺乏理性，个体的思维、情绪和行为都被这股冲动裹挟，认知视野狭隘、情绪激动，极其容易做出极端行为。

（3）持续性：个体心理危机的爆发，并不是一件事情就能诱发，而是内外部多重因素的交互作用，甚至可能存在长久心理压力的积蓄。因此，一旦危机状态出现，很难在短时间内比较彻底

地解除安全风险。只有从心理问题的根源和现实诱发因素两方面同时入手解决问题，并且在心理危机中期及后期提供足够的内外部心理资源支持，才能帮助学生度过心理危机。

（4）不稳定性：心理危机的状态会持续一段时间，有时在这段时间内得到足够的关注和支持，心理状态看似进入平稳期，学生看似恢复正常，甚至对教师或家长做出安全承诺。但是这种平稳状态并不保险，在根源和诱发因素未得到较好处理的情况下，危机状态可能又会卷土重来。因此，在整个危机期间，需要尽力保证学生的安全。

（5）严重性：心理危机状态之所以需要强烈关注，是因为它极易使人轻生或严重伤害他人，对于学生本人或他人的生命安全都具有较大威胁。

二、判断心理危机

（一）心理危机群体的特征

在校园环境中，存在两种容易产生心理危机的群体：一是本身存在精神病、严重抑郁症等心理问题的学生，且存在现实诱因，比如宿舍矛盾、情感问题、家庭变故、学业失败、人际冲突等。还有一部分人即使不存在明显现实诱因，精神病症状或严重抑郁症症状也会自行复发。二是平时心理状况较为正常的学生，在遇到严重的现实诱因时，如严重的宿舍冲突、恋爱分手、家庭变故等，也可能进入轻生、伤害他人的心理危机状态。

在这两种群体中，我们可以发现现实事件实际上是一个很好的预测心理危机的指标，而现实事件是展露在外可以被发现的。

因此，凡是发现学生近期遇到严重的现实冲突事件，或者长期以来的积压的问题未得到妥善解决而导致心理压力不断累积，比如宿舍、班级、社团、情感矛盾等，这些现象要引起学校教育工作者的足够重视，不能将这些简单视为学生能自行解决的生活事件，也不能处理一次、两次后就认为自己已经尽到了教师的职责而不去继续对学生进行跟踪关怀。

除了现实事件带来的可预测性，若发现学生存在或此前有过严重的精神疾病，如精神分裂症、中重度抑郁症等情况，一定要引起足够重视。凡是严重精神疾病，其病程长，治疗困难，而且易复发。因此，教师一旦发现有严重精神疾病历史的学生或者正在恢复期间的学生，就要立刻引起足够重视，在学习生活和人际关系之中给予格外的关心，不能因为学生告知教师心理问题已经完全康复而放下警惕。

（二）心理危机的线索

心理危机的产生虽然具有突发性，但是并不是不能预测，甚至只需要掌握足够的心理健康知识，对于学生有比较负责任的态度，都可以较好地发现学生是否存在心理危机，从而更好地保障学生生命安全。

（1）留意学生是否存在严重心理问题。

（2）学生近期是否有较为严重的现实事件压力，如身体健康状况严重受损，对于期末考试具有恐惧感，对家庭发生的冲突感觉到压力，对于社团竞选等感觉到压力，发生人际关系冲突，发生感情问题等。

（3）在心理危机爆发前，学生可能会寻求师生或家长的帮

第二篇　处理学生心理危机

助，这种求助信号有时会看上去非常普通，比如学生可能就是简单地发一句："老师在吗？"如果没有得到及时回应，学生也不会继续寻求帮助。在遇到类似情况时，教师要判断这个学生是否属于尤其值得关注的学生，然后进行应对。

（4）学生若近期整个状态变化较大，比如突然开始变得沉默寡言，开始旷课，精神状态很差等，这些行为或情绪上的变化，教师要足够重视，需要与学生沟通，了解学生状态变化的原因，并及时地提供帮助和支持。

（5）学生在微信朋友圈、微博、QQ空间、学生群体的社交平台上发布非常负面、消极的信息，或者一些伤害他人的威胁言论等。一旦教师或者班委发现类似情况，要立即了解原因和学生状态，并持续跟踪关注学生情况，不能认为学生只是在发泄情绪或者开玩笑而等闲视之。

（6）学生做出一些不同寻常的慷慨行为，如把自己的物品没有理由地赠送分发给朋友、室友、同学；突然对朋友同学、家长、教师等发送"谢谢你""以后记得照顾好自己"等关心或感谢用语时，一定要引起足够重视，了解学生当下状态；如果学生有写遗书等行为，则更是要关注和保障学生生命安全。

（7）对于学生的请假行为，短期内多次旷课等非正常学习生活的行为加强关注，了解学生行为背后的原因，结合近期学生身心健康状况，以及是否可能存在心理危机情况做出判断。在不确定无风险时，及时与家长进行反馈联系。

如果发现学生处于心理危机状态时，教师或家长、同学等一定要敢于去了解，要真诚地询问学生状态，了解心理危机的危急程度等情况。有相关研究表明，在发现他人存在自杀等风险时，越是能坦诚与其沟通交流，越能降低轻生风险。

（三）判断心理危机的严重性

心理危机具有很大的安全风险，但是心理危机之中也可以根据当事人的具体情况划分不同的严重等级。判断心理危机不同程度的风险，对于学生管理人员而言，可以更好地应对。

（1）对于精神病患者、严重抑郁症而言，他们基本一直处于需要关注的心理危机状态，因为这部分病人即使没有外部诱因，也处于不稳定心理状态，具有较高安全风险。

（2）根据学生具体的心理危机状况进行评估：

a. 自杀/自残历史，凡是有过类似行为的，以后有的概率远高于一般人；

b. 自杀方法是否简单可行，如果学生告诉你想自杀的方法就是跳楼、自缢、割腕等，由于方法简单可行，风险尤其高；

c. 诱发自杀的现实诱因是否可以得到有效解除，如果仅是宿舍矛盾，可以及时通过沟通或调整宿舍得到有效解决，但如果是感情、家庭矛盾、心理问题等复杂因素，则需要持续关注；

d. 处于危机状态的学生是否有足够的支持资源，如果学生朋友很少，家人不理解和支持学生，那这种状态的学生安全风险对比具有足够资源的学生更加高；

e. 危机状态下学生的情绪状态也是需要考虑的，如果过于亢奋狂躁或者过于平静，都是极其不正常现象。

三、处理学生心理问题和心理危机

（一）处理心理问题和心理危机的原则

1. 安全第一、生命至上原则

大学生自杀现象是大学生意外死亡之中排名最高的死亡原因。多所大学近些年有相关案例，甚至一所学校有多起案例发生。心理问题具有隐蔽性和突发性，当然这种特性也是相对而言的，正如上文所说，做好学生工作，完全可以在心理危机爆发前就发现和妥善解决。一旦发现学生存在严重心理问题，一定要秉持安全第一、生命至上的原则，以维护好学生的生命安全为前提再进行其他方面的教育工作。

在我们进行心理工作的过程中，发现一些教育工作者存在一种执念，教育优先、心理问题其次，这是缺乏心理健康常识的，更是对于心理问题的严重漠视。在教育工作中，我们主张"没有生命，其他一切都是妄谈"。因此在发生的学生事件之中，一定要对存在心理问题因素的影响进行排查，不管是诱发因素还是某件事件对学生心理状态的影响，都需要从心理层面考虑。

2. 胆大心细、直面问题原则

学生管理和教育工作，是一份有担当有责任的工作。教师应自觉意识到自己身上的重担，肩负着学生在校园生活中的学习、生活等服务、指导和管理工作。遇到一些学生问题事件，要勇于面对问题、解决问题，不能因为害怕、怕麻烦等而避开问题不谈。

在学生严重心理问题方面，存在一种误解。教师认为如果和学生敞开心扉地谈了，那学生做出极端行为的可能性可能更高，或者教师本人就很害怕聊到死亡、生命等沉重话题。导致学生事件中出现的心理因素，可能会被下意识忽略。这种心态对于学生心理工作者而言有非常大的风险，因为学生心理问题不可能因为你不去谈或解决而自动消失。有时，问题了解得越多，掌握得越多，我们才更加清楚该如何解决。

因此在学生工作中，尤其是心理问题方面，一定要胆大，一旦发现学生存在严重心理问题或心理危机，要及时询问学生的状态，敞开心扉真诚与学生沟通，问其"是否有轻生的想法或冲动""想采取何种方法进行轻生"等。此外，要主动和家长进行沟通，家长作为学生的监护人，有权利和义务了解学生在校的身心健康状况。

除了胆大，也要兼顾心细原则。比如善于捕捉学生心态的变化，发现疑似自残和轻生企图的动机和行为；在处理过程中，要注意自己的言行是否得当，是否做到在保护学生生命安全和隐私间的平衡。

3. 尊重隐私，保护学生信息的原则

在处理学生心理问题中，最重要的一条原则就是保密。它是对一个人人格尊严的尊重，同时也涉及道德、法律。如果被不相关的人知道乃至传播，可能比学生原本心理问题给他造成的伤害更大。由于无故不保密而造成不良后果，则会由相关责任人承担。

保密做到以下几点：

（1）聊天的时机保密：要选择没有其他学生或老师在的场合

第二篇　处理学生心理危机

和时间谈话；

（2）对学生群体保密：如果没有必要，尽量不要告诉其他学生；如果有学生本来已经知情或者不得已需要知情，那一定要叮嘱学生不得传播相关信息。

（3）信息材料保密：要重视相关信息和材料的保密，比如访谈记录、学生心理状况材料等，不能随意摆放或者让班委处理学生心理健康信息。

不保密的情况包括：

（1）对父母不保密：涉及学生生命安全相关的信息，比如学生有严重自残、自杀或伤人冲动或者精神分裂症状等不得保密；

（2）对部分同事不保密：包括学院领导、宿管中心有关人员、学工处领导、心理中心有关人员、学校领导都有权利和义务知情；

（3）对部分学生不保密：由于临时看管学生，需要舍友、班委临时守护，需要对看护学生强调危险性，所以对这部分学生不能保密。

4. 打持久战原则

学生心理问题由来已久，严重心理问题具有病程长、治愈难度高、易复发的特点。在高校学习生活中，学生群体种类多、学习和就业压力的存在都成为心理问题容易产生的诱因。因此，从学生入学到毕业，学生管理人员就要对学生的学习、生活乃至就业情况进行全方位的跟踪和关注，对于需重点关注学生，更应如此。

心理工作是一个持久性的工作，不能依靠个人的主观判断，认为学生情况有所好转，就在此后忽略对学生的关注和关心。在多年的心理工作中，我们发现少数辅导员对于学生状态过于乐观和自信，或者解决问题总抱有一蹴而就的想法，想一下子彻底解决学生心理问题，但这些心理问题是学生本人多年都难以克服的问题，也是专业的心理治疗人员感觉棘手的问题。只有抱有打持久战的态度，在工作中细心耐心，对学生持续关注、关心，直至学生平安地毕业离校，这项心理工作才算成功完成。

5. 从小处着手，帮助学生解决现实问题原则

心理问题起源于现实生活，虽然根源可能和过去的家庭、经历有关，但是现实诱因的重要性也不可小觑。我们可以想象一颗地雷的引爆，如果去除引线，那地雷也会成为哑雷，不那么容易爆炸。在大学生活中，大学环境相对以前学习生活环境更加复杂多样，学生面临学习考试压力、宿舍生活压力、社团和班级生活压力、情感生活压力、家庭矛盾压力、生涯规划压力，甚至可能出现被诈骗的意外事件。

学生管理人员需要正视自己的工作，不仅仅是对学校负责，也要关注和关心学生在校甚至离校期间的各种行为表现，尽力保证学生的生命安全。学生的心理问题根源错综复杂，但是现实诱发因素却能轻易发现。作为学生管理人员，帮助学生解决这些生活的压力和现实冲突，实际上也等于去除了地雷的引线，不仅可以促进师生间关系，让学生感受到教师的关心与爱护，也能直接解决诱发心理危机的直接因素。

因此，在做学生心理工作时，学生管理人员一定要从小处着手，帮助学生解决面临的宿舍矛盾、班级矛盾等人际关系压力，

第二篇 处理学生心理危机

也要关注学生的学习生活情况。心理问题严重的学生，在很多时候并不是不想解决这些"琐事"，而是没有能力解决，他们的心理资源被过多地内耗，人际支持资源不足。学生管理人员不仅是教育和管理者，也是学生的关爱者，要尽心尽力地看到学生当下存在的困难，为其解决困难提供友善的建议，在学生依然难以解决困难时，及时出手帮助学生。

6. 多面一体解决学生心理问题原则

学生心理教育工作不是单纯的某位教师的工作，解决心理问题需要家庭、学校、医院、社区协同工作来完成。只有全方位互相配合，才能保障学生得到更好的心理健康教育，生命安全得到更好的保证。根据我校的现实情况，我们提倡学校—家长—学生"三位一体"的学生心理工作机制。

（1）学校工作层面

辅导员：观察、了解、上报学生相关情况；对学生心理状况进行日常关怀和帮扶；必要时做心理咨询和心理危机干预工作；负责消除或缓解心理问题现实诱因；日常联系家长，和家长维持良好关系；执行上级部门决策。

院长及助理：了解、支持、协助辅导员处理，具有部分决策权，情况危急时直接介入处理，并负责和学生处及学校层面沟通。

心理中心：对二级学院心理工作提供指导和建议，必要时直接联系学工处及分管学校领导，提供专业意见。为师生，尤其是学生当事人提供心理咨询服务（心理咨询具有自愿性）和提供心理危机干预。

宿管中心：对学生居住状况比较了解，及时协同辅导员在必要情况下提供宿舍调整服务；心理危机状况发生时，临时安排监护房间，并且部分承担学生宿舍生活的守护工作。

学工处领导：掌握重点关怀学生的心理情况，具有学生管理决策权；支持和敦促辅导员、院长助理、心理中心、宿管中心做好本职工作；负责和二级学院及学校层面沟通心理工作。

保卫中心：心理危机情况发生时，及时介入，协助对学生安全进行守护。

学校分管领导：掌握重点关怀学生的心理情况，支持各学生管理人员做好心理工作，对学生心理工作具有直接决定权。

（2）家长工作层面

家长：对学生在学校学习生活情况具有知情权，尤其是学生心理危机状况，家长需要了解学生存在的心理问题的危险性；学生存在心理危机，学校无法确保学生生命安全时，负责带学生前往正规医院诊治或回家休养，直至学生心理危机解除、心理状况稳定，经过医院诊治建议适合入学，经校方核实方可办理复学手续。

其他家属：家长无法履行相关职责时，由其他家属替代进行。

没有任何家属支持：在校方无法确保学生生命安全，并且没有家长支持的情况下，学校协同公安部门，将具有心理危机的学生送往专业的精神科医院进行安全看护和治疗。

（3）学生工作层面

学生本人：及时向学校反映存在的心理危机情况，及时进行求助；配合学校的心理工作。

第二篇　处理学生心理危机

学生舍友：处理好和心理问题学生的宿舍关系，发生矛盾纠纷无法调和时，及时向辅导员汇报；当发现学生有心理危机迹象时，及时向学校（辅导员、宿管中心、心理中心等）进行反馈；必要时，配合学校对学生进行临时监护。

班委：班干部尤其是心理委员，负责汇报班级心理情况，发现存在心理危机情况时及时汇报辅导员或其他负责老师；必要时，配合学校对学生进行临时监护。

其他学生：维护学校同学正常友谊，不传播心理问题学生的隐私信息，不排斥心理问题学生，发现心理危机情况时及时汇报。

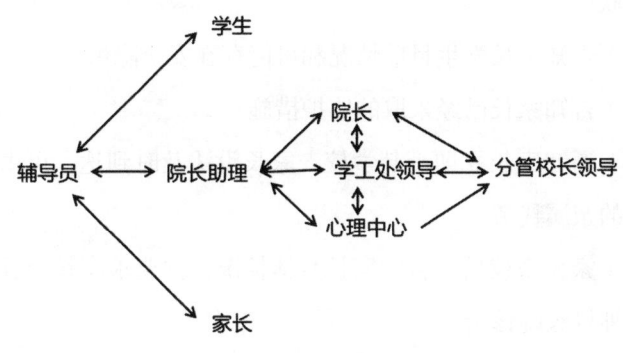

学生心理工作简图

（二）学生在校心理危机处理

学生如果在校期间出现心理危机情况，二级学院及辅导员要迅速积极介入，以免心理危机情况发展到难以有效解决的地步。

1.确保安全

（1）准确定位学生位置，二级学院学生管理负责人及辅导员迅速赶往现场；

（2）疏散现场无关人员，以免学生围观议论对学生造成心理压力；

（3）和学生进行沟通交流，稳定学生情绪；

（4）关注诱发心理危机事件，及时帮助学生解决。

2. 做好监护

（1）学生情绪稳定后，由辅导员或熟悉的班委、宿舍成员等多人陪同学生，直至家长到来（最多24小时）；

（2）陪同过程中，确保学生没有时机采取伤害自己或他人的行为，如将不安全工具收起来，将学生转移至低楼层临时住宿等。

3. 联络家长

（1）告知家长学生目前情况和可能存在安全隐患；

（2）告知家长已经采取的监护措施；

（3）通知家长立即赶赴学校，家长没法及时到达，可由其他可信任的亲属代劳；

（4）家长来校后，告知家长具体情况，并要求家长带领学生前往精神科医院诊治；

（5）协商学生请假休息或休学以进行更好的休养治疗。

4. 及时反馈

（1）及时上报至二级学院院长、学生处领导及学校分管领导等；

（2）准确详细记录心理危机事件经过、保护学生的举措、与家人沟通的信息等；

（3）需要咨询中心予以建议或协助，及时进行联系。

第二篇　处理学生心理危机

5. 注意事项

（1）学生精神状态异常，难以进行正常沟通，情绪极其不稳定，安全风险很大或因精神病问题存在严重伤人、自伤的情况，请及时上报领导，要求保卫部门、派出所、医疗机构等进行协助救治。

（2）注意陪同及监护人员的安全和心理健康，如监护师生出现心理应激情况，需要及时更换新的陪护人员，并由心理咨询师对监护师生进行心理辅导。

（三）判断学生心理状况是否适合复学

在学生管理工作过程中，经常碰到一些具有严重心理问题或心理危机的学生休学后，再次申请复学的情况。作为二级学院学生管理负责人或辅导员要对学生的心理健康状况有足够的了解，具有确保学生的心理状态满足复学条件的能力。

1. 复学条件

（1）出示三甲精神科医院心理检查报告，表明学生的精神病、抑郁症、焦虑症等心理状况已经康复或得到很大程度缓解，适合入学学习生活；

（2）辅导员与学生和家长进行沟通，详细了解学生目前身心健康状况，包括言语交流能力、思维逻辑能力（精神病患者或严重抑郁症患者可能言语交流及逻辑思维异常）、睡眠情况、饮食情况，情绪是否稳定和正向等，尤其重要的是轻生想法和冲动是否存在等。

（3）二级学院在不确定学生心理状况的情况下，可以咨询心理中心建议，但最终由二级学院决定是否同意学生复学。

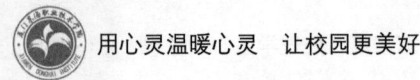

2. 辅导员与家长、学生沟通注意事项

（1）确保学生身心健康状况良好、无心理危机，具有在校正常学习生活能力；

（2）告知返校后，辅导员会定期（两周一次）或不定期与学生进行心理谈话，关心关注学生心理状况，了解学生复学后的心理状态；

（3）如果学生心理问题加重或存在心理危机情况，学生需要前往精神科医院进行诊治；

（4）家长和学生需要主动配合辅导员的心理工作。

第三篇　学生心理健康教育

第三篇　学生心理健康教育

一、高职院校学生的心理状态

高职院校的学生心理状态和一般青少年心理有类似之处，但是又不同于本科院校学生，作为高职院校的教育工作者，只有在心理层面更加了解和理解学生群体，才能贴近学生，教育好学生，促进学生在学校积极健康成长。

（一）青少年普遍的心理特点

1. 对自我的认知感到迷茫和困惑

青少年处于寻求自我、建立自我认同感的阶段。在这个阶段，学生对于自己想要什么、想做什么没有坚定的信念，容易受到外界影响，可能前一阵建立的人生方向和理想，过几天就被推翻。陷入朝令夕改的自我概念中，让学生自己也感觉到迷茫和痛苦，这在学生的学习、专业选择、就业方向上体现非常明显。

2. 情绪波动大，容易受到外界影响

由于青少年自我感并不统一，伴随的情绪也会经常发生波动，容易被外界各种因素影响，尤其是对他人的评价非常在乎。有时因为他人的赞赏和认同而感觉到兴高采烈、自信满满，有时又会因为他人的批评和否定而情绪低落。因此，这个阶段的青少年给人一种情绪不稳定的印象，也表明他们内心各种认知和思维还在发展之中。

3. 价值观不够成熟，有时趋于极端

正因为自我认同感不足，情绪波动大，青少年会刻意寻求一种稳定、极端的价值观来帮助他们维护自身的平衡和稳定。而这种价值观往往不够客观，导致他们看待一些事物会以明确的是非、黑白观来评价自己和外界，追求绝对的道德感。当然，也会出现另外一种过于现实、自私、物质的价值观。青少年很难在理想和现实间达成和谐，这种极端的价值观会导致他们和外界经常发生冲突。

4. 追求独立和寻求依赖的矛盾

随着青少年生理成熟，心理意识也趋于追求独立和个性化，内心期待自己成为一个成熟稳重的个体，但由于各种社会和生活经验不足，对他人和环境也具有强烈的依赖。因此，有时他们看上去具有成人的外貌和打扮，内心却显得幼稚、不成熟，希望能与外界公平、对等交流，又期待他人给予其特殊的关注和关心，从而陷入追求独立和寻求依赖的矛盾状态。

（二）高职院校学生的独特心理状态

1. 自尊感低，但自尊心强

如今高职院校并没有受到家长和社会的认可，进入高职院校学习的学生可能会被看作因成绩、能力不行而被否定的群体。这种标签化影响了学生对于自身的认同，不少学生对自己评价很低，认为自己不如本科院校的同辈群体。但是这种不自信，又

诱发了学生强烈的自尊心，希望得到父母、教师和同辈群体的认同。

2. 学习中的自制力不足

学习成绩好的学生往往能按照家长和学校要求能长时间坐得住、读得进去，不易分心，这不仅意味着学生要遵从各种外界规定，也要有较强的自制力让自己能将精力集中到学习上。高职学院的典型学生群体，在理论成绩方面一般不如本科院校学生，在学习行为上的自制力较差。在理论学习课堂上，学生很难长时间专心听讲，容易产生开小差、玩手机、趴着睡觉等行为。

3. 部分学生对学校环境不认可

部分高职院校的学生由于学习成绩从小就很难得到认可，对自身的评价较差，有些学生曾期望通过高考去到较好的本科院校来证明自己，但是在考试失败进入高职院校后，内心感到不平衡和不满，尤其是大部分高职院校确实在硬件和软件方面不如本科院校，这使得学生感觉自己的不如意都是由于现在的学校导致的，从而转化为对学校的不认可和攻击。在学校里工作的教师的教育工作，会因学生对学校先入为主的不好的印象而被他们拒绝和否定。

4. 学生群体复杂多样

在高职院校中，存在复杂多样的学生群体。比如五年制学生群体、春季高考生、正常高考入学、中专考入学生等不同群体。五年制学生群体入校时心智、生理不够成熟，其心理特征不同于一般学生。这部分学生可能依然将学习作为生活的重心，但又感觉到在高职院校进行的理论学习没有意义而感到迷茫不安。由于年龄偏小,他们遇到一些负面事件时情绪波动更大,行为更加偏激。多样化学生群体的存在也对学生人际交往、教育方式等形成了挑战,如存在不同学生群体歧视的现象;在课堂中的教学,教师无法根据不同群体的教育背景而开展有针对性的教育,导致学生对于这种一刀切的教育不认同。

二、根据高职学生特点开展有效教育

(一)个性化教育

1. 课堂纪律管理做到统一与个性的兼容

在课堂纪律上,我们要按照学校要求的规章制度,对学生尽量做统一的要求,但也应该考虑由于长久的不良学习生活习惯,部分学生确实很难完全按照规章制度执行,少数学生存在特殊的身心健康状况也为贯彻这一方案增加了难度。因此,教师根据具体情况具体分析,既要做到公平公正,又要顾及一些特殊情况,灵活处理课堂教学管理。

2. 课堂作业和评价考核方式的多样化

不同学生完成学习任务的能力水平和方式不同,有的学生口语表达能力和实际动手能力更强,而有的学生在笔试能力上更为突出;有的学生适合团队合作完成某项学习任务,而有的学生更乐意一个人完成。因此在课堂作业和评价考核体系中,应该为学生提供不同的方案选择,如果一味要求所有学生参加团队合作任务,对于一些学生而言可能不仅不利于学习,反而会激化彼此的矛盾。教师可以根据不同学生的具体情况,为学生提供多样化的选择,在考核评价体系中也要考虑少数特殊学生的情况,进行灵

第三篇　学生心理健康教育

活处理。

（二）对学生进行认可和关爱教育

学生在课堂上和学习成绩上的表现并不是他们的生活全貌，对学生的认可和赞赏不应该只根据学习上的表现来衡量。通过关注学生学习和生活上的优点，对他们进行鼓励和认可，让学生感受到关爱，感受到被理解和认可，从而激发他们的进取心。在遇到学生没有按照统一要求执行教育规定时，应该给予足够的理解和宽容，友善询问原因，陈清利弊，让学生感受到被尊重。

（三）在教学中避免引入争端话题

由于高职院校学生的个性化较强，处于青春期的他们渴望独立，比较叛逆，对于一些社会事件有自己的看法和主张。因此，教师在教学过程中，一定要谨慎对待自己选择的社会话题，避免因引入的话题导致学生群体间，以及师生间产生矛盾冲突。如果不可避免地引入某些话题，教师也要做到包容和接纳，立场保持相对客观中立，认可彼此观点中值得欣赏的部分，做到求同存异，和谐共处。

（四）避免当众严厉批评学生

处于青春期的大学生，是心理学定义的第二叛逆期，自尊心较强，爱面子，但内心又脆弱敏感，对于自己是否得到认可和尊重极其看重。高职院校的学生在学习纪律和自制性方面很难完全达到教师的严格要求，因此，作为教师应该理解学生的学习和行为特点。在少数学生不服从教育管理时，不要当众严厉地批评学生，更不要对学生进行人格侮辱。如果遇到过于叛逆、不服从的学生，可以为学生保留面子、保护尊严，事后与辅导员进行理性沟通，了解学生的心理状态和诉求，对学生的不正当之处，进行针对性教育。

（五）遇到特殊问题学生时如何进行有效处理

每个高校都有少数特殊学生群体，大部分在心理和精神状态方存在明显异常。我校在入学进行心理健康普测时发现20%左右的学生表现出一些严重的心理问题，大多数班级都存在少数需要重点关怀和特殊教育的学生。因此，掌握心理健康知识，对特殊问题学生进行特殊教育管理，是每个教师必备的教育能力。那在遇到特殊问题学生时，该如何更好地处理呢？

（1）发现学生在言语表达、情绪、行为明显异常时，及时关注学生的状况，课下和二级学院辅导员或其他学生管理人员反馈该生情况，建议辅导员在学生学习生活方面给予足够的关心、关注。

（2）如果怀疑或确定某位同学确实属于重点关怀学生，则需要课堂上适当关注和关心该生情况，但是不需要过分紧张和关注，不需要"贴标签"将其完全排除在教育对象之外。

（3）如果特殊问题学存在违反教学规定的行为，及时向辅导员进行反馈；但是在不影响课堂纪律的情况下，对该生予以包容、个性化对待。

（4）避免将重点关怀学生一些不同于其他学生的行为视为不尊重教学纪律，避免和学生发生矛盾冲突。

（5）课堂中如果存在重点关怀学生与其他学生发生口角、冲突的情况，及时对其进行安抚和关心，如有必要及时向辅导员进行反馈。

第四篇　教师心理建设

第四篇　教师心理建设

教师做好自身的心理建设，关注和调节心理状态，是对社会、学校和学生的负责，也是对自身和其家庭的负责。

一、影响教师心理健康水平的因素

学生心理健康素质已经引起社会的广泛关注，作为师生共同体的另一方——教师的心理健康状况也需要重视。心理健康调查的蓝皮书显示教师的心理健康水平逐年递减，随着越来越多的年轻一代走上工作岗位，这种状况益发凸显，仅在2023年媒体就报道了多起教师轻生事件。

1. 社会认同感降低

传统视野中，教师肩负着"传道授业解惑"的重要责任，因倍受社会群体尊重爱戴而具有较高的职业认同感和幸福感。但是由于现实主义不断侵入各传统道德领域和职业岗位，教师在社会上的神圣地位一定程度地在遭受挑战。我们经常看到不少家长、学生对教师的正常管理教育提出质疑、否定，甚至进行投诉，这不仅束缚了教师的教育管理权利，也让教师的教育初心开始动摇，职业认同感降低。

2. 教职工工作压力大

除了社会认同感的减弱，教职工的工作压力，尤其是学生管理人员在管理和教育学生上的压力也与日俱增。教师需要承担学生的上课任务，同时也要做好各种行政任务。近些年来，随着手机各项功能的迅速发展，手机一定程度上改变了学生只能通过课堂教育才能获取相关信息的状况，而手机游戏和其他娱乐活动又让青少年甚至成人都难以自控，学生对于传统课堂教育失去兴趣，这让教师的课堂管理和教育任务难以进行正常开展。在没有教育主管部门自上而下进行与时俱进的教育机制改革前提下，维护课堂管理和进行教学任务的责任依然由教师个人承担，这实际上大大增加了教师个人的压力和工作负担。

学生管理人员除了需要对学生在校学习生活进行监管，还肩负着学生在校身心健康和生命安全等重大责任。提升学生心理健康素质不仅是学生本人和家人的压力，也是学生管理人员必须承担的压力。大学生的交际生活较以往更为复杂，心理状态更为脆弱，学生在校学习生活24个小时，学生管理人员也需要进行服务、跟踪和监管24个小时。甚至学生在放假和校外实习期间，学生管理人员也需要做好实时的跟踪关注。在学生心理健康水平令人担忧的同时，学生管理人员的心理压力也在陡然上升。

3. 薪资待遇不平衡

除了社会认同度降低，教师人员的工作压力与日俱增外，教师面临的经济压力也是影响职业认同感和幸福感的重要因素。从有关研究及现实情况来看，薪资待遇对一个人的生活幸福感具有重要的影响。但是，一些学校尤其是民办学校的教职工的薪资待

遇水平并没有做到与社会发展节奏和物价水平上升对应平衡，造成不少教职工内心有失落感，影响教职工的工作热情。

教师的心理健康水平不仅是教师本人需要关心的问题，也是社会、学校层面积极关照的对象。社会要给予教师更多的包容、接纳和认同，学校要主动承担起关心教师的责任，考虑现实教育状况，在工作之中适当减负，积极支持教职工履行正当的教育权利；同时，对于教职工的薪资待遇提升要落到实处，满足教师的生活需求，让教师可以安心、全心投入教书育人的工作之中。

二、调节压力

压力与心理健康息息相关，它与我们的工作效率呈现倒 U 形曲线关系，即过大和过小的压力都不利于工作效率提升。因此，教师要对自己的压力状况有充分的认知，根据自己的身心水平来对工作压力进行调节。

1. 注意劳逸结合、张弛有度

教师职业虽然是一种具有高尚情操，甚至需要一定献身精神的工作，但是不顾及自身健康状况地长时间工作，必然不利于教师的身体和心理，最终对工作也会产生负面作用。在工作过程中，要注意劳逸结合，作息规律。比如工作每 40 分钟左右，就适当地走动、伸展身体和喝水，呼吸新鲜空气，回到工作岗位时你将拥有更好的精力。

2. 逐项完成任务，适当运动放松

制定每天的工作任务或时间表，合理安排工作时间，尽量不要进行持续的加班甚至熬夜工作行为。将待办任务逐项完成，避免累积或者多项工作同时进行，以免焦头烂额、压力陡增。在每天工作结束后，给予自己一定放松和运动空间，至少每天半小时有氧运动，如跑步、打球等，不仅有利于身体健康，还可以让我们更加快乐。

3. 掌握压力情况，调整工作负荷

对于自己的压力状况要有清晰认知，比如感觉到最近压力倍增，难以集中精力，甚至影响自己的睡眠、饮食时，要暂停一下，反省一下工作安排是否合理。如果工作压力过大，要与上级部门或同事进行合理反馈沟通，尽量将工作负荷调整到自己可以承担的范围。

4. 建立良好关系，互相支持

在教师工作岗位上，我们不仅需要和学生、家长打交道，还需要同事、上级的理解、配合和支持。因此，尽量避免做"独行侠"，要和同事处理好人际关系，友善对待他人的建议，适当帮助他人解决工作问题，形成工作同盟，在你需要他人帮助时，不管是实际的工作任务还是精神支持，相信你也会得到他人的协助。

三、管理情绪

情绪是人一种本能，它既能反映个人的心理状态，也能对他人传递各种人际信息，良好的情绪有利于我们的幸福生活，同时也能更加有效地促进工作效率和人际交往。因此，如何管理自己的情绪，也是维护心理健康水平的重要方法。

1. 学会理解情绪，接纳情绪

情绪并不完全是坏的，它对于我们生存和发展至关重要。当情绪来临时，不要一味抗拒和排斥，我们可以理解自己为何有这样的情绪，接纳自己的情绪，不要因为有了情绪而责备和批评自己。通过自身的情绪来掌握自己的心理状态，观察情绪对自己的影响，做一个可以涵养情绪，滋养自身的人。如果我们能包容和接纳自己的情绪，相信你可以将情绪转化为强大的能量，帮助自己更好成长。

2. 学会积极思考问题

情绪受到我们自身思考方向的影响，如果你永远以负面、消极的视角去看待一件事情，那你的情绪就会总是低落、悲伤、愤怒；但是，你如果换一个角度去看待发生的事情，以客观中立甚至积极的视角去看待它，那你的情绪就会变得乐观开朗。

3. 学会倾诉，寻求理解和支持

在教师岗位上，我们总是面临各种工作任务和压力，不仅要满足社会期待，学会和领导、同事处理好人际关系，处理好自己的本职工作，还面临着自己的生活经济压力等。因此，教师不仅仅是一味付出的岗位，我们也需要得到同伴的理解和支持。学会和他人适当倾诉，释放内心的压力，化解负面情绪。

4. 学会冷处理

当情绪来临时，人会沉溺于这种情绪之中，感觉受到情绪胁迫而无法理性思考和完成正常工作。当我们意识到自己快被不良情绪淹没时，要学会冷处理，可以先将工作放一放，通过运动、散步或与朋友、同事谈谈，来让自己冷静下来。待自己情绪正常稳定后，再来处理工作。

四、避免职业倦怠

职业倦怠是每个工作岗位都会面临的挑战，长久地重复工作，会让个体感觉到失去新鲜感和兴趣，从而工作效率会降低，个体就会减少对于工作的投入，再难以感觉到价值。比如，当我们开始踏入教师岗位，感觉面对学生和处理各种问题具有挑战，从而激情满满地投入，但是久而久之，同样问题不断重复，就会让人感觉到麻木和倦怠。为了避免职业倦怠，我们不妨试试下列方法：

1. 更新工作目标

每个时间段都有对应的工作任务和目标，对于教师岗位而言，一学期可能并不会出现职业倦怠。但是一学期、一学年地重复，处理同样的学生问题，上课讲同样的教学内容，就会让人感觉到没有多大意思。其实，我们可以尝试着每学期将自己的工作目标进行适当更新，比如，对于辅导员而言，第一学年主抓学生的上课纪律；第二学年可以多关注学生的兴趣爱好，为班级创造更多的团体活动机会等。对于教师而言，可以在前一两年以熟悉教学内容和自己讲述为主；当熟悉了教学内容，并对课堂秩序掌握较好后，可以尝试着进行教学创新，比如以学生为中心，翻转课堂，加强信息化教学等。

2. 进行教师职业生涯规划

职业生涯规划不仅是学生在进入社会前的必备工作，也是每个人在工作领域不断保持与时俱进精神的表现。对于教师而言，也需要对自己的职业生涯进行有效规划。比如是否有晋升计划、

调整工作岗位的计划、提升自己各方面能力的计划等。在不同时间段赋予自己职业生涯不同的目标和意义，总结自己每学年的收获和不足，并在接下来的时间进行更好的调整安排，相信你每个阶段都会有所期待。

3. 丰富业余生活，创造美好人生

作为一个完整的个体，工作是我们生活的重要方面，给我们带来存在感和体验感，并且也能体现个人的价值。但工作并不是全部，也不代表整个人生的意义，在工作时我们要尽力做到努力认真工作，不负所托，在工作之余就要学会丰富自己的业余生活，增加自己人生阅历与见识。比如利用下班时间和放假，出去旅游，结交新的朋友，锻炼身体，学习其他生活技能等。工作是人生的重要一方面，如果能将生活也过得丰富多彩，相信生活也会反哺你的工作，为你的工作增光添彩。

五、提升自我效能感

自我效能感指的是在从事某项工作时，对自己的能力所具有的自信。教师工作是一个需要付出和投入很多精力的工作，将自己的知识、见解乃至为人处世的道理传授给学生，同时还要完成上级部门交代的各项工作任务，处理好家校关系等。因此，教师只有提高自我效能感，对于自己的工作感觉到有信心完成，才能很好地完成各项工作宜，成为一个受学校认可，被学生爱戴的优秀教师。

1. 学会正确归因

在每件事件成功或失败时，个体总是会对其原因进行分析和

归类，比如将其归因为外界或者归因为自身导致的。研究表明，这两种情况让人有较低的自我效能感：当工作成功，我们将功劳完全归为他人；当任务失败，我们将原因完全归为自己。因此，在教师工作中，总是会遇到一些事情并没有如预期般处理好，这时要客观正确分析事情成功或失败的原因，不能妄自菲薄，盲目独自承担所有问题。学校环境中的工作总是受到社会、学校、家长和学生各因素的交互影响，自己虽然是这项工作的直接负责人，但是很多时候工作的成败，断然不能只靠自己说了算。承担自己该承担的，在成功或失败后总结经验，才能为以后的工作做好铺垫。

2. 增加自己成功的经历，学会迁移

在生活中，我们会面临各种事务，有些事情我们可以很好地完成，而有些工作却难以完成。因此，在生活中，要学会根据自己的能力、特点选择对应的、合适的工作，增加自己在这些工作中的成就感，感受到成功的喜悦和自豪感。越多的成功经历，就越会让人感觉到自己的能力是足够处理很多事务的，从而不仅在已从事的领域充满信心，也会在其他未曾涉足的领域勇敢尝试。

3. 与榜样和优秀的人为伍

榜样具有示范作用，他们的为人处世和工作方法，总是值得我们借鉴。因此要多和优秀的人交流，学习他们的各种能力，并且尝试在自己的工作之中进行模仿、创造。比如在教师岗位，我们可以多去看优秀名师的教育方法，可以向有经验的教师请教如何处理好各种学生事务。通过向他们靠近、学习，让自己变得越来越优秀，充分认可自己。

4. 积极乐观，勇于尝试

自我效能感也会受到个人的情绪状态和行为动机强弱的影响。在生活中，我们面临很多有挑战、有难度的工作，有些人非常乐意尝试各种新鲜、刺激的体验，比如独自出去旅游、结交新的朋友、参与聚会等，这是对生活的向往与热爱，是积极乐观的生活态度。在教师岗位上，我们会面临各种类型的学生，每个学生都具有不同的特点，有时需要我们循循善诱解决学生的心理健康问题，有时需要我们在公开场合给学生带来激情满满的讲座。只有保持积极乐观的人生态度，勇于挑战自己，勇于尝试各种有意义的体验，才能让我们在教师岗位上成为一个激情饱满、激励学生的良师。

第五篇　心理健康教育资源推荐

一、心理治疗推荐

大学生面对新的环境和挑战时，有时可能会遇到心理压力和困扰。在这种情况下，寻求心理治疗资源是一种积极的方式，有助于处理自身的不良情绪问题、减轻压力，并提升自身心理健康水平。以下是一些常见的大学心理治疗资源推荐：

（1）校园心理健康服务：学校提供了校园心理健康及相关服务，其中心理咨询服务是主要的方式。心理咨询并不是仅仅针对有相关心理问题的学生，当我们在学习或生活中遇到问题后，同样也可以选择校内心理健康中心预约咨询，这些服务都是免费为学生们提供的。

（2）校外专业的心理治疗医院：专业的心理治疗医院通常会提供全面的心理健康服务，包括专业的医生和心理健康专业人员，可以提供诊断、心理治疗、咨询服务，以及药物治疗等。厦门市仙岳医院是比较权威的精神科医院，厦门市同安区嘉德医院也可以就近为学生提供心理诊治服务。

（3）在线心理治疗平台：一些在线平台提供专业的心理治

疗服务，学生可以通过网络平台与心理医生进行在线咨询。这样的平台通常提供更加灵活的预约时间，适合大多数遇到问题的学生。但是这种网络上的在线心理咨询和治疗平台不一定非常正规，对方的资质和经验也需要考量，在选择网络平台服务时需要谨慎。

（4）热线服务：一些心理健康热线为学生提供24小时的心理健康支持，包括电话咨询和在线聊天。这些服务一般是学生出现心理危机时为他们提供心理支持，如果要进行长久的咨询和治疗，还需要寻找专业的咨询和治疗机构。

厦门市24小时学生心理援助热线：0592-5258185；

全国青少年心理咨询热线：12355；

中国心理危机与自杀干预救助中心救助热线：010-62715275。

（5）心理健康活动和讲座：大学通常会举办各种心理健康活动和讲座，涵盖焦虑、压力管理、自我调适等主题。参加这些活动有助于学生更好地了解心理健康知识，学习应对压力的方法。

（6）同学支持群体：参加一些心理健康社团活动，会寻找到一群共鸣的朋友提供互相支持。有助于减轻孤独感，获得陪伴和支持。

在选择心理治疗资源时，学生可以根据自身需求和偏好选择最适合自己的方式。无论选择何种资源，寻求专业的心理支持对于促进心理健康和适应大学生活都是非常重要的。

二、心理电影推荐

（1）《美丽心灵》（*A Beautiful Mind*, 2001）：该片根据数学家

约翰·纳什的真实故事改编，呈现了他的天才智慧与精神健康挑战的斗争。导演朗·霍华德通过本片深刻探讨了家庭、友谊、爱情、以及个体与社会的关系，让观众在情感和智力上都得到了极大的启发。

（2）《肖申克的救赎》(*The Shawshank Redemption*, 1994)：该片是根据斯蒂芬·金的小说改编而成，讲述了银行家安迪在肖申克监狱中经历的人性磨难和最终的救赎之路。导演弗兰克·德拉邦特通过这部影片揭示了希望、坚持、友谊和人性善良的力量。

（3）《心灵捕手》(*Good Will Hunting*, 1997)：这部影片由马特·达蒙和本·阿弗莱克主演，讲述了一个天才数学家在治疗师的帮助下，逐渐抚平内心创伤的故事。影片深刻探讨了自我认知、过去的困扰以及对未来的探索。

（4）《少年派的奇幻漂流》(*Life of Pi*, 2012)：描绘了一个少年在海上生存的冒险故事，通过奇幻的元素探讨了信仰、意义和人生选择。对于面临未知和探索的大学新生，这部影片提供了深刻的思考。

（5）《飞越疯人院》(*One Flew Over the Cuckoo's Nest*, 1975)：基于肯·凯西的小说改编，该片讲述了一位自作聪明的罪犯故意装疯，然后被送进了精神病院的故事。导演米洛斯·福尔曼通过这部电影批判了传统的心理治疗方式，同时也展示了反叛和个体权利的主题。

（6）《闻香识女人》(*Scent of a Woman*, 1992)：这部电影讲述了一个预备军校学生和一个盲眼退役军官之间不寻常的友谊。

通过这段旅程，电影展现了人生的价值、勇气和尊严的重要性，以及面对困难时的积极态度。

（7）《入殓师》(*Departures*, 2008)：这部日本影片讲述了一位失业的大提琴手转行成为一名"入殓师"，专门从事传统的日本葬礼仪式。影片深刻探讨了生与死的意义、家庭和解以及个人寻找自我的旅程。

（8）《国王的演讲》(*The King's Speech*, 2010)：讲述了英国国王乔治六世克服口吃困难的真实故事。影片展示了勇气、友谊和领导力的重要性，以及面对个人挑战时的坚持和努力。

三、心理书籍推荐

（1）《自控力》(Kelly McGonigal)：本书由斯坦福大学心理学家凯莉·麦格尼格尔撰写，深入探讨了自控力的心理学原理及其在日常生活中的应用。书中结合了最新的科学研究成果，提供了提高自控力的实用策略，帮助读者克服拖延、改善自我管理能力。

（2）《人性的弱点》(Dale Carnegie)：虽然这本书首次出版于1936年，但它讲述的原则和技巧在今天仍然适用。书中通过实例教你如何赢得他人的喜爱、影响他人以及改变他人的态度和行为，非常适合希望提升人际交往能力的大学生。

（3）《思考，快与慢》(Daniel Kahneman)：诺贝尔经济学奖得主丹尼尔·卡尼曼的这本作品深入探讨了人类思维过程的两个系统：快速直觉的思维和缓慢理性的思维。通过阅读这本书，学生可以更好地理解人类的决策过程，以及如何避免思维陷阱。

（4）《幸福的追求》（Martin Seligman）：马丁·塞利格曼是正面心理学的创始人，这本书详细介绍了如何通过培养积极情绪、投入、人际关系、意义和成就（被作者称为"幸福的五大支柱"）来提升个人的幸福感。

（5）《沟通的艺术》（Thich Nhat Hanh）：越南禅师一行禅师在书中分享了如何通过深度倾听和富有同情心的言语来改善人际关系的方法。这本书对于希望提高沟通技巧、构建更和谐人际关系的大学生非常有帮助。

（6）《习惯的力量》（Charles Duhigg）：本书深入探讨了习惯是如何形成的，以及我们如何能够改变不良习惯，培养有益习惯，对于正在形成独立生活模式的大学新生来说，这本书提供了宝贵的指导。

（7）《失控》（Daniel J. Siegel）：这本书探讨了大脑如何影响我们的行为和情绪，尤其是在青少年和年轻成人中。它提供了管理情绪、提升自我意识的实用技巧。

（8）《独处的艺术》（Sara Maitland）：这本书探讨了独处的价值，教人如何享受和利用独处的时光来进行自我反思和成长，对于那些在大学期间希望找到自我和提高自我认识的学生来说，这本书提供了宝贵的视角。